SUJETS

DES

COMPOSITIONS ÉCRITES

POUR LES CONCOURS D'ADMISSION

DEPUIS 1881

PARIS

HENRI CHARLES-LAVAUZELLE

Éditeur militaire

10, Rue Danton, Boulevard Saint-Germain, 118

(MÊME MAISON A LIMOGES)

INTENDANCE MILITAIRE

SUJETS

DES COMPOSITIONS ÉCRITES

POUR LES CONCOURS D'ADMISSION

Depuis 1881

SUJETS

DES

COMPOSITIONS ÉCRITES

POUR LES CONCOURS D'ADMISSION

DEPUIS 1881

PARIS

Henri CHARLES-LAVAUZELLE

Éditeur militaire

10, Rue Danton, Boulevard Saint-Germain, 118

—

(MÊME MAISON A LIMOGES)

SUJETS DES COMPOSITIONS ÉCRITES

POUR LES CONCOURS D'ADMISSION

Depuis 1881

COMPOSITION DE 1881.

Par quels moyens se procure-t-on les ressources en matières nécessaires à l'armée, soit en temps de paix, soit en temps de guerre ?

Par quelles juridictions sont résolues les difficultés qui peuvent s'élever entre un entrepreneur ou un fournisseur et l'administration de la guerre ?

COMPOSITION DE 1882.

1re QUESTION.

Faire connaître quelles sont les dispositions qui règlent l'état des officiers de l'armée active, l'état des officiers de la réserve et de l'armée territoriale et la situation des sous-officiers de l'armée active.

2e QUESTION.

Action des fonctionnaires de l'intendance sur les divers services de l'armée et, en particulier, sur l'administration des corps de troupe. Indiquer son caractère et la manière dont elle s'exerce dans l'exécution des services, dans la justification, l'ordonnancement et le contrôle des dépenses.

COMPOSITION DE 1883.

Faire connaître les devoirs et les attributions des personnels chargés, en campagne, de créer, de réunir, d'entretenir, de transformer et de distribuer les approvisionnements.

Indiquer les divers procédés d'alimentation des armées.

COMPOSITION DE 1884.

1re QUESTION.

Définition de l'administration militaire. Quel est son but ?

Définition de la direction. Par qui et comment est-elle exercée ?

Définition de la gestion. Par qui et comment est-elle exercée ?

Définition du contrôle. Par qui et comment est-il exercé ?

2e QUESTION.

Des services de l'arrière dans une armée en campagne. Organes et établissements principaux. Liaison avec les services de 1re ligne.

COMPOSITION DE 1885.

1re QUESTION.

Exposer les opérations auxquelles donne lieu l'exécution d'une fourniture par marché de livraison, dans un établissement des subsistances militaires, depuis la préparation de l'adjudication publique jusqu'au paiement pour solde, en précisant le rôle qui incombe au sous-intendant militaire dans ces diverses opérations.

2e QUESTION.

Enumérer les différentes sources d'obligations.

Définir les obligations conventionnelles.

Indiquer les divers contrats usités dans l'administration militaire.

Jugement des contestations.

Conflits.

COMPOSITION DE 1886.

1re QUESTION.

Faire connaître et expliquer sommairement les dispositions qui règlent, par dérogation au droit commun, la condition civile et politique des militaires.

2e QUESTION.

Exposer, d'après la loi et les règlements, les principes fondamentaux de l'administration des corps de troupe, en montrant comment elle se rattache à l'ensemble des services généraux de l'administration de l'armée.

COMPOSITION DE 1887.

1re QUESTION.

Indiquer l'objet du contentieux administratif. Etudier l'organisation des tribunaux administratifs, leur compétence, les règles de la procédure et les formes dans lesquelles ils rendent leurs arrêts.

2e QUESTION.

Définir une ligne d'étapes. Dire comment elle doit être choisie et organisée.

Un corps d'armée mobilisé est cantonné près de la station tête d'étapes de guerre qui lui est affectée.

Expliquer :

1° L'organisation de ses services administratifs ;

2° Celle de la station tête d'étapes de guerre ;

3° En supposant que le corps d'armée se porte en avant jusqu'à une distance de x étapes, faire connaître comment s'opérera, chaque jour, le ravitaillement par le service de l'arrière, le rôle des échelons des différents convois, les dispositions à prendre par les sous-intendants des têtes d'étapes.

COMPOSITION DE 1888.

1re QUESTION.

Exposer les principales dispositions de la loi du 13 mars 1875 avec ses modifications successives.

Donner la nomenclature et faire connaître l'organisation des corps de troupe de toutes armes.

Organisation particulière des troupes d'administration et règles d'avancement dans ces dernières.

2e QUESTION.

Un corps d'armée mobilisé est transporté sur la base de concentration.

Faire connaître :

1° Les ressources en vivres et fourrages dont il dispose au moment de son départ.

2° Les procédés d'alimentation pendant la période des transports stratégiques ;

3° L'organisation et le fonctionnement du service de l'intendance sur la base de concentration.

COMPOSITION DE 1889.

1re QUESTION.

En quoi consiste l'action administrative dans l'armée ?
Où commence-t-elle ? Où finit-elle ?
En exposer le fonctionnement à tous les degrés et le mécanisme.
Comment constate-t-on les résultats au point de vue du bon emploi des ressources mises à la disposition du Ministre de la guerre ?

2ᵉ QUESTION.

Des actes de l'état-civil aux armées.
Par qui et comment sont-ils établis et conservés ?

COMPOSITION DE 1890.

QUESTION.

Un corps expéditionnaire composé d'une division d'infanterie
sur le pied de guerre est dirigé par les voies ferrées de Paris sur
Marseille, où des moyens d'embarquement ont été préparés.

Huit jours après son arrivée dans ce port, cette division est
embarquée à destination de Madagascar, en passant par l'isthme
de Suez.

L'état-major de la division, la première brigade et la moitié
des services administratifs sont transportés sur des bâtiments de
guerre.

La deuxième brigade et la deuxième moitié des services administratifs sont transportés sur des navires de commerce.

La traversée dure un mois.

Le général commandant le corps expéditionnaire, le jour même
de son arrivée à Madagascar, y trouve des ordres lui prescrivant
de s'installer dans l'île pour un an et de surveiller le pays. Il
prend ses dispositions en conséquence.

D'après ce thème :

Indiquer, avec de suffisants détails, sans cependant trop
s'étendre, ce qu'a dû faire l'intendant du corps expéditionnaire,
qu'assistent quatre sous-intendants militaires et des personnels
de gestion suffisants pour assurer la marche régulière de tous les
services administratifs sans exception :

1° Depuis le jour de réception de son ordre de mobilisation jusqu'au jour de son arrivée à Marseille ;

2° Depuis le jour de son arrivée à Marseille jusqu'au jour de
son débarquement à Madagascar ;

3° Depuis le jour de son débarquement jusqu'au jour du rem-
barquement pour la France avec le corps expéditionnaire, à l'ex-
piration de l'année de séjour à Madagascar ;

4° A son arrivée en France, avant et après la dislocation.

COMPOSITION DE 1891.

Enumérer, décrire, discuter sommairement, enfin classer, quand il y aura lieu, par ordre de préférence, les moyens et procédés divers à l'aide desquels le Ministre de la guerre se procure et met à la disposition des troupes, tant à l'intérieur qu'en campagne, les prestations de toute nature qui leur sont attribuées par les lois et règlements militaires.

COMPOSITION DE 1892.

Thème. — On suppose qu'une armée victorieuse, partant de Châlons-sur-Marne et composée de trois corps d'armée et d'une division de cavalerie à effectif normal, marche contre un ennemi qui se retire vers Troyes.

Le 2 novembre, après la marche, elle est disposée comme il suit :

1ᵉʳ corps : Tête à Sommesous, queue à Bussy-Lettrée;
2ᵉ corps : Tête à Humbauville, queue à Coole;
3ᵉ corps : Tête à Saint-Chéron, queue à Glannes;
Division de cavalerie à Brienne et environs.

Le 3 novembre, les 1ᵉʳ, 2ᵉ et 3ᵉ corps se portent respectivement à Arcis-sur-Aube, Ramerupt et Rosnay-Vévics; la division de cavalerie à Géraudot.

Le 4 novembre, l'armée va s'établir au bivouac à Feuges (1ᵉʳ corps), Luyères (2ᵉ corps) et Rouilly-les-Sacey (3ᵉ corps); la cavalerie reste immobile.

Les dispositions de l'ennemi font présumer un temps d'arrêt dans les opérations.

Renseignements. — Les convois administratifs étaient cantonnés, le 2 novembre, à Ecury-sur-Coole (1ᵉʳ corps), Faux-sur-Coôle (2ᵉ corps) et Pringy (3ᵉ corps).

La direction des étapes et la tête d'étapes de guerre ont achevé de s'installer le 1ᵉʳ novembre à Châlons.

Les convois auxiliaires, complétés à 600 voitures par corps d'armée, sont également à Châlons.

La station-magasin est à Soissons.

L'armée dispose de dix trains de marche par jour (dix montants et dix descendants) sur la ligne Soissons-Reims-Châlons.

La voie ferrée a été coupée par l'ennemi au nord de la bifurcation de Coolus.

La direction des étapes est pourvue du personnel nécessaire pour l'organisation d'une ligne d'étapes de route.

Elle possède une boulangerie de guerre de trente fours de construction à la station-magasin et dispose à Reims de six parc éventuels de 150 voitures chacun.

Les boulangeries de campagne fonctionnaient le 1⁰ʳ novembre à la tête d'étapes de guerre.

A la même date, la boulangerie de guerre avait constitué une réserve de 250,000 rations de pain biscuité, dont la fabrication la plus ancienne remontait au 20 octobre.

La tête d'étapes de guerre possédait, le 1⁰ʳ novembre, à la fin de son installation, un approvisionnement de :

1,000 tonnes de farine;
4,500 tonnes d'avoine;
300 tonnes de foin pressé;
40 tonnes de café;
50 tonnes de sucre;
80 tonnes de saindoux;
800 hectolitres d'eau-de-vie;
1,000 bœufs, en dix troupeaux échelonnés de Reims à Châlons.

De Châlons à la ligne de l'Aube, le pays, pauvre et épuisé, n'offre aucune ressource; après avoir franchi l'Aube, l'armée entre, au contraire, dans une région que l'ennemi n'a pas eu le temps d'appauvrir.

On suppose que, le 1⁰ʳ novembre au soir, les voitures régimentaires et les convois administratifs avaient leur chargement complet.

Travail à exécuter. — Le candidat supposera que, étant attaché comme adjoint à l'intendant à l'armée, il est chargé par son chef de préparer :

1° Un projet d'ordre général d'alimentation, à soumettre au commandant en chef, pour les journées des 2, 3 et 4 novembre;

2° Un rapport motivant les dispositions proposées et indiquant, jour par jour, le jeu du ravitaillement pendant cette période.

Ce rapport contiendra, en outre, en réponse à un ordre spécial du commandant en chef, les propositions de l'intendant de l'armée pour l'organisation, au point de vue du service des subsistances, d'une ligne d'étapes de route entre Châlons et Arcis-sur-Aube, et pour la création, à Arcis-sur-Aube, tête d'étapes de route, d'un magasin contenant dix jours de vivres et d'avoine pour l'armée. Il indiquera également les dispositions générales du ravitaillement des troupes sur la tête d'étapes d'Arcis-sur-Aube pendant les quelques jours de stationnement prévu.

COMPOSITION DE 1893.

THÈME

Un corps d'armée, à l'effectif conventionnel de 35,000 rationnaires et 7,000 chevaux, débarque pour se concentrer, à partir du 14 août, dans le rectangle Clesles, Méry-sur-Seine, Châtres et Vallant-Saint-Georges. Le 20 août, avant l'arrivée des derniers éléments et notamment des convois administratifs et auxiliaires, il quitte ses cantonnements pour aller achever sa concentration sur la ligne Sompuis-Saint-Ouen. Il cantonne le même jour sur la ligne de la Lhuitrelle et, le 21, sur ses nouveaux emplacements.

Pendant ce mouvement, les derniers éléments du corps d'armée continuent d'arriver par chemin de fer ; leurs points de débarquement sont modifiés de telle sorte, en utilisant la ligne ferrée Charmont-Sommesons-Sompuis, que les dates de leur réunion aux troupes déjà concentrées restent les mêmes que dans le plan primitif.

Prévenu le 19 août au matin, l'intendant du corps d'armée étudie immédiatement les dispositions à prendre pour continuer d'assurer le service de l'alimentation sans le concours des convois administratifs et auxiliaires, jusqu'au 25 août inclus, date à laquelle le service des étapes doit être prêt à entrer en action. Il soumet, à ce sujet, un rapport motivé au général commandant le corps d'armée. Il envoie en avant l'un des fonctionnaires de l'intendance sous ses ordres, pour étudier les conditions de fonctionnement du service et reconnaître, de concert avec l'officier d'état-major désigné, le commandement, l'emplacement des centres de fabrication et de distribution à adopter dans les nouveaux cantonnements.

RENSEIGNEMENTS.

On admettra :

1° Que le centre de fabrication était d'abord établi à Méry-sur-Seine, avec centres de distribution à Vallant-Saint-Georges pour la 1re division, Châtres pour la 2e et Méry pour les éléments non endivisionnés ;

2° Que les effectifs arrivant successivement sur la base de concentration sont les suivants :

	Rationnaires.	Chevaux.
14 août	2.000	200
15 —	3.000	300
16 —	4.000	600
17 —	5.000	700
18 —	6.000	800
19 —	5.000	800
20 —	4.000	900
21 —	3.000	1.000
22 —	2.000	900
23 —	1.000	800

et que les troupes consomment uniformément, le jour de leur arrivée, une ration de vivres de débarquement.

3° Que les divisions comprennent chacune 14,000 rationnaires et 1,400 chevaux, les éléments non endivisionnés 7,000 rationnaires et 4,200 chevaux, et que la répartition des besoins journaliers entre les centres de distribution est approximativement proportionnelle à ces effectifs ;

4° Que 210 voitures de réquisition ont été réunies le 14 août à midi à la gare de Mesgrigny par les soins du service territorial ;

5° Que les vivres de concentration sont apportés par trois trains arrivant en gare de Mesgrigny à 2 heures de l'après-midi, les 15, 17 et 19 août, et comprenant chacun 70,000 rations de vivres et 14,000 rations d'avoine, sans biscuit ni viande de conserve ;

6° Que la boulangerie de campagne est installée au centre de fabrication de Méry-sur-Seine et prête à commencer le travail le 15 août, à 6 heures du soir ;

7° Qu'un train, arrivant de la station-magasin de X... à la gare de Mesgrigny le 14 août, à 2 heures de l'après-midi, a apporté le matériel de concentration, ainsi que les quantités de pain et de denrées nécessaires et suffisantes pour faire face aux premiers besoins ;

8° Que deux trains, arrivant de la station-magasin à la gare de Sompuis les 20 et 22 août, à 4 heures de l'après-midi, peuvent apporter dans la limite d'un chargement de 150 tonnes, les quantités de pain et de denrées qui seraient demandées par l'intendant du corps d'armée ;

9° Qu'aucun autre transport ne peut être demandé au service des chemins de fer.

10° Que, pendant les journées des 20 et 21 août, des mouvements de matériel et de personnel administratif peuvent avoir lieu sans danger, sur l'autorisation du commandement, en avant du front des troupes, à la condition de ne pas gêner leur marche ou leur arrivée dans les cantonnements ;

11° Que 100 voitures non classées sont disponibles pour la réquisition dans les cantonnements définitifs ;

12º Que l'alimentation est entièrement assurée en pain biscuité, à l'exclusion de toute consommation de biscuit (on n'aura pas à s'occuper de l'alimentation en viande).

TRAVAIL DEMANDÉ.

Le candidat supposera qu'il est chargé par l'intendant du corps d'armée de rédiger :

1º Un projet de rapport au général résumant l'organisation et le fonctionnement du service depuis le 12 août (date de l'arrivée de l'intendant), faisant ressortir la situation le 19 août au soir après la distribution pour la journée du lendemain et motivant les dispositions proposées pour le 20 et les jours suivants ;

2º Un projet d'instruction au fonctionnaire de l'intendance désigné. contenant toutes les indications nécessaires pour lui servir de guide et de memento dans l'accomplissement de sa mission.

COMPOSITION DE 1894

QUESTION

Exposer les divers procédés d'alimentation en campagne selon les circonstances de la guerre. — Quels sont les modes divers de ravitaillement ?

Ordres et instructions concernant l'alimentation. — Action directe des corps de troupe. — Mesures à prendre et instructions à donner par les fonctionnaires de l'intendance pour assurer l'exécution des ordres concernant l'alimentation.

COMPOSITION DE 1895.

QUESTION.

Par quels moyens assure-t-on les paiements des dépenses de l'armée :
1° En temps de paix;
2° En temps de guerre?

COMPOSITION DE 1896.

QUESTION.

De la justice militaire; organisation, compétence, procédure; comparer successivement les règles qui régissent la justice militaire avec celles qui ont trait à la justice ordinaire.

COMPOSITION DE 1897.

QUESTION.

Organisation et attributions générales du corps de l'intendance.

Faire connaître quelles sont les principales autorités civiles avec lesquelles les fonctionnaires de l'intendance sont en relation pour leur service.

Indiquer sommairement le rôle de ces autorités.

COMPOSITION DE 1898.

QUESTION.

Indiquer sommairement le rôle et les attributions des autorités administratives et des conseils qui les assistent dans l'administration générale de la France, dans l'administration départementale et dans l'administration communale.

COMPOSITION DE 1899.

QUESTION.

Faire connaître l'organisation et la compétence des tribunaux chargés de la répression des contraventions, des délits et des crimes commis par les civils ou par les militaires et de ceux qui sont appelés à connaître des différends par lesquels peuvent être intéressés l'administration militaire, de simples particuliers, des commerçants, des industriels ou des ouvriers.

COMPOSITION DE 1900.

QUESTION.

De l'autorité administrative et de l'autorité judiciaire ; les caractériser et discuter la raison d'être de leur séparation. Conséquence de cette règle : justice administrative et justice judiciaire ; compétence respective de ces deux justices. Principes généraux qui les règlent ; exceptions au principe de la séparation des autorités administrative et judiciaire.

COMPOSITION DE 1901.

QUESTION.

Juridiction administrative et juridiction commerciale. Exposer l'organisation, la compétence et la procédure de ces deux juridictions ; leur raison d'être.

COMPOSITION DE 1902.

QUESTION.

Après avoir indiqué sommairement comment le Ministre de la guerre prévoit les besoins de son département et obtient les ressources financières nécessaires aux besoins généraux de l'armée, on exposera les règles suivies pour faire arriver ces ressources là où elles doivent être consommées et comment il est tenu compte de leur emploi jusqu'au règlement définitif du budget.

COMPOSITION DE 1903.

QUESTION.

Exposer le rôle de l'administration militaire. — Indiquer ses organes, ses moyens d'action et les ressources dont elle dispose.

Discuter, en ce qui concerne les ressources matières, les avantages et les inconvénients des divers modes à employer, suivant les circonstances, pour se les procurer.

COMPOSITION DE 1904.

QUESTION.

Du contentieux administratif. En indiquer l'origine et donner les raisons qui motivent une juridiction spéciale. Différences et points de comparaison entre celle-ci et les juridictions ordinaires.

Divers degrés de la jurisprudence contentieuse. Compétence et procédure.

Prendre l'exemple d'un conflit s'élevant dans un service entre l'administration militaire et un fournisseur et exposer les procédures qui sont successivement suivies en admettant que ce fournisseur, pour défendre son droit, porte sa cause devant la juridiction la plus élevée.

COMPOSITION DE 1905.

QUESTIONS.

1° Faire au point de vue du droit administratif et de l'économie politique un exposé sommaire des ressources (impôts, revenus directs, emprunts, etc.), dont l'Etat peut disposer pour assurer la marche normale des services publics et faire face à des besoins imprévus.

Discuter la valeur économique de ces ressources.

Donner un aperçu des fonctions des divers services qui ont pour objet de procurer des ressources au Trésor public.

2° Principes généraux de la comptabilité en deniers et matières du ministère de la guerre.

Exposer sommairement de quelle façon il est rendu compte d'une part, par les ordonnateurs, de l'emploi des crédits dont ils disposent, d'autre part, par les gestionnaires collectifs ou individuels, de l'emploi ou de la conservation des ressources mobilières (fonds et matières) mises à leur disposition pour l'exécution du service.

Paris et Limoges. — Imp. et libr. milit. Henri CHARLES-LAVAUZELLE.